ENREDADOS EN LA RED

DAVID MARTORELLI

HOJAS DEL SUR

Buenos Aires

www.hojasdelsur.com

Freud pa' lo' pibe'
David Martorelli

1a edición

Editorial Hojas del Sur S.A.
Albarellos 3016
Buenos Aires, C1419FSU, Argentina
e-mail: info@hojasdelsur.com
www.hojasdelsur.com

ISBN 978-987-8310-24-4

Dirección editorial: Andrés Mego
Ilustración de portada: Ramiro Buteler
Diseño de portada e interior: Departamento de Arte Tinta Libre Ediciones
Adaptación de portada: Arte Hojas del Sur

Martorelli, David
   Freud pa' lo' pibe' / David Martorelli. - 1a ed . - Ciudad Autónoma de Buenos Aires : Hojas del Sur, 2020.
   112 p. ; 21 x 14 cm.
   ISBN 978-987-8310-24-4
   1. Psicología. 2. Redes Sociales. I. Título.
   CDD 150

ÍNDICE

INICIAR SESIÓN

Vivimos en un mundo en donde buscamos estar comunicados todo el tiempo. Ya no importa lo que dicen las agujas del reloj, si es de día o es de noche, en algún momento alguien va a leer ese mensaje que enviamos. Los medios de comunicación con los que contamos son muchos más que antes y más fáciles de utilizar. La gran ventana de internet nos da la posibilidad de hacer todo desde nuestra casa, lo único que necesitamos es una computadora o un celular para resolver, organizar, comunicarnos, realizar trámites o estudiar sin movernos de la silla. De más está decir, que *necesitamos* una buena conexión a internet, que vuele por la red y, principalmente, que no se tilde, porque nos hace mal esperar. Descartes decía, allá por el 1637, su famosa frase: "Pienso, luego existo", en la actualidad ¿la podemos traducir a: "Me conecto, luego existo"?

Podemos hacerlo todo: desde leer un diario hasta saber el clima sin necesidad de abrir la ventana (la otra: la física, la real), pagar las cuentas evitando largas filas, usar los portales virtuales para las compras del supermercado y después quejarnos si no nos gustan los tomates que nos enviaron en vez de ir a elegirlos nosotros mismos. También podemos interactuar con miles de personas que están conectadas sin importar los límites del mapa, pero ¡cuidado! también podemos enamorarnos, ¿serán sentimientos virtuales?

Somos un engranaje más de ese gran medio que ya forma parte de nuestras vidas. Nos escribimos para saber cómo estamos, qué comemos o qué hacemos; sonreímos y lloramos mirando el celular. Navegamos por una gran red publicando sucesos de nuestras vidas. Las redes archivan todo lo que nosotros publicamos y hasta, dependiendo la red utilizada, nos recuerdan eso que subimos. Quizás queremos recordarlo o no, pero eso ya no depende de nosotros, ¿las redes sociales manejan nuestros recuerdos?, ¿a dónde vamos?, ¿a dónde queremos ir?, ¿qué pretendemos subiendo algo a las redes sociales?, ¿somos realmente felices en este mundo virtual?

Pasamos horas sentados frente una computadora o mirando el celular, preferimos estar conectados dentro de nuestras casas que salir a la calle, ir a una plaza o caminar un día de sol por el barrio. Internet nos dio la posibilidad de creer que tenemos todo al alcance de nuestros dedos. Ya no queremos esperar por nada. Si nuestra serie favorita está en Netflix (aplicación para mirar películas y series en vez de estudiar) podemos pasar todo nuestro fin de semana encerrados mirando capítulos, uno tras otro, no hay invitación válida para perderse esa comodidad de estar en casa, cambiando el cine por el sillón del living, los pochoclos por el delivery. Nos sentimos seguros en internet y parece ser que es el único que puede cumplir nuestros deseos de forma rápida y segura: no tenemos que hacer filas, tomar un colectivo, mojarnos si llueve. Pero, ¿dónde queda nuestra vida social?, ¿nos sentimos seguros detrás de una pantalla?

En este mundo virtual, que gira más rápido que el mundo en que vivimos, solemos marearnos un poco y nos alejamos de la verdadera realidad. Jugamos a viajar al pasado solo retrocediendo las fechas de las publicaciones o mirando una foto, queremos buscar imágenes del lugar de nuestras próximas vacaciones para adelantarnos en nuestra futura foto de perfil. Creamos nuestra mejor *versión* en los perfiles virtuales pensando en cada detalle, qué foto es *de perfil* y cuál no, nos convertimos en seleccionadores de momentos felices y los subimos a la red. Nos editamos a nosotros mismos creando la mejor versión posible de lo que queremos mostrar de nuestras vidas.

Intentamos vivir tan rápido como la velocidad de internet y nos olvidamos que vivimos en un mundo real. Un ejemplo claro de esto: antes de comenzar una charla, enviamos un simple "¿Estás?", pero ¿en dónde queremos que esté el otro en realidad?, ¿en qué espacio? Sin darnos cuenta estamos perdiendo la noción de espacio real ya que todo indica que estamos *disponibles* las veinticuatro horas del día. Cada vez es menos habitual juntarse con alguien a tomar un café o una cerveza y disfrutar una charla frente a frente dejando de lado el celular. En el nuevo espacio virtual, en el que quizás nos vemos por videochat o nos mandamos miles de fotos virtualmente como si intentáramos contar todo los que nos pasa con publicaciones, fotos, videos... somos los directores de una película de nuestra vida misma. La tecnología nos acercó a gente que por diferentes cuestiones puede estar a miles de kilómetros y nos da la posibilidad de que, de alguna forma, puedan ver un poco lo que pasa en nuestras vidas, un nuevo integrante en la familia o hasta festejar un cumpleaños, conectados por videochat.

Pero, en realidad, ¿qué vemos? Porque no nos vemos en verdad, sino que imaginamos al otro detrás de la pantalla esperando nuestro mensaje y solo nos queda pensar cuál es su reacción por *cómo* nos escribe, sin saber en realidad qué es lo que le sucede al otro. Dependiendo de nuestro estado de ánimo, podemos tomar un simple mensaje para bien o para mal. Gritamos poniendo mayúsculas y queremos demostrar nuestros sentimientos con *emojis*. No importa mucho si la otra persona está trabajando y no puede responder, quizás por error escribe con mayúsculas o contesta de forma *cortante*, como si el *enojo virtual* fuese un sentimiento. Esto se debe a que estamos armando códigos virtuales y pareciera ser que quien intenta escapar de eso queda desconectado. Todo se centra en el poder de nuestra imaginación y podemos imaginar tantas cosas que no son reales que, en algún momento, nuestra cabeza pasa a ser un gran Tetris de ideas, en donde el dibujo de las piezas que elegimos unir tiene más peso que la realidad misma. Imaginamos mucho y después nos creemos ese cuento.

En este libro vamos a *enredarnos* juntos intentando descifrar lo que nos pasa dentro del mundo virtual, sin olvidarnos del mundo real. Todo lo *nuevo* puede ser en un comienzo tomado como un problema, que de alguna forma reemplaza a lo anterior, a eso que ya conocíamos. Sin embargo, desde otra perspectiva, todo lo que aparece en redes sociales es lo que nosotros mismos creamos por alguna necesidad. De esta forma, lo mejor es que cada uno utilice la herramienta que crea adecuada para su vida: a muchos les pueden servir los recuerdos de Facebook para acordarse de los cumpleaños, a otros les puede ser útil Twitter para descargar eso que no se animan a decir o Instagram para conocer al amor de su vida. Como también nos puede llenar de ira que nos claven el visto o que nos *echen* del algún grupo del WhatsApp. Somos distintos, pensamos distinto, nos divierten o nos angustian diferentes cosas, y eso es parte de intentar *ser* en este nuevo mundo.

Iniciemos sesión.

EN LAS REDES MANDA EL EGO

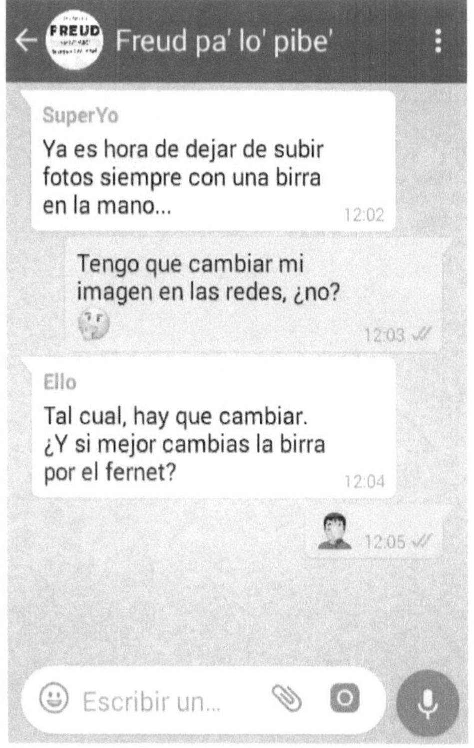

Facebook se lanzó a mediados del 2006, con fuerte presencia en la Argentina desde el 2011. Tiene actualmente 2.449 millones de usuarios en el mundo que hacen millones de comentarios al mes. Twitter llega en el 2006 y en la actualidad tiene 340 millones de usuarios y, por último, Instagram con alrededor de 1.000 millones. Imaginate que entre todos esos seguidores estamos nosotros, enredándonos con alguien o pensando alguna indirecta para que le llegue a esa persona que nos gusta, pero dentro de tantos seguidores cualquiera puede pensar que esa indirecta es para él. En ese mundo virtual puede pasar de todo, desde conocer al amor de tu vida hasta enterarte de que te engaña con otr@.

En estas redes tienen protagonismo muchos elementos, por ejemplo: los famosos *me gusta*. De esta forma, cada publicación es permeable a la evaluación del otro, que puede o no dar un clic para decir que le gusta (¿aprobando?) lo que hemos subido, escrito, y hasta comentado. Publicar entonces pasa a ser una manera de exponerse al juicio de los demás que miran por esa gran ventana al otro. Esto ocurre en todos los ámbitos, sin ir más lejos el literario, o el cinematográfico, pero lo que hacen estas redes es darle la posibilidad a cualquiera (ya no hace falta ser escritor, director de cine, músico, etc.) de estar expuesto al *público virtual,* que en este caso serían los otros usuarios que están conectados detrás de sus pantallas formando una sociedad virtual.

Las redes sociales quieren generar con el usuario una conexión de diálogo continuo, por ejemplo, Facebook te pregunta: "¿Qué estás pensando?" y Twitter: "¿Qué está pasando?". No estoy muy seguro de si alguien responde esas preguntas realmente o a quién le respondemos cuando lo hacemos. Pero nos adaptamos a usar las mismas expresando lo que cada uno quiere decir o mostrar de uno mismo en las redes sociales, a un público que podemos conocer o no, para que los demás puedan ver las cosas que publicamos que se traduce de alguna manera a saber que existimos, que estamos por ahí en la red. Cada día es más común en una charla decirle al otro "lo vi en tu Facebook" o si estás hablando de las vacaciones lo mandás a que vea las fotos, como si todo lo que necesita saber de vos lo pudiera encontrar ahí. También existen reclamos cuando no estamos al tanto de algo y la otra persona se excusa diciendo: "¡Pero lo puse en Facebook!". Queremos resumir una charla en una imagen o en simples publicaciones que realizamos en un *muro* de momento felices.

A la hora de publicar algo sin darnos cuenta, o inconscientemente (¿inconsciente virtual?), ponemos algún deseo en lo que escribimos o en el pie de foto de la imagen que compartimos. En el inconsciente se encuentran los deseos, instintos y recuerdos que el sujeto reprime por algún motivo, en otras palabras, es lo que le cuesta *hacerse cargo*. Buscamos llamar la atención de alguien o solamente satisfacer nuestro Ego que necesita alimentarse de esos *me gusta* (¿son iguales para el Ego esos *me gusta* en una foto de paisaje que en una foto nuestra?).

Podemos definir al Ego como un intermediario entre el

SuperYo y el Ello, estos mismos son dos tópicos que utiliza Freud para describir el aparato psíquico. Pero para no marearlos mucho, lo voy a explicar de la siguiente forma: el Ello es todo lo que deseamos sin censura, es el que te dice "no vayas a estudiar, quedate durmiendo", o el que no entiende que después de un par de cervezas podés conocer al inconsciente si no dejás de tomar.

En cambio, el SuperYo es el correcto, el que maneja el patrullero, el que te *controla* para que hagas las cosas correctas, por ejemplo, si sube una persona embarazada al colectivo, el SuperYo es aquel que te dice que le des el asiento.

Entre ellos dos está el Yo, es quien tiene que lidiar con lo opuesto de cada uno, mediando sus actitudes.

El Ego en las redes sociales está presente en todas las publicaciones que hacemos. "Dime cuántas selfies subes por día en las redes sociales y te diré quién eres según tu Ego".

Buscamos la aceptación del otro con un *me gusta*, pensamos en qué horario publicar para que alguien en especial lo vea. Ya las grandes marcas contratan gente para aumentar su cantidad de *me gusta*, hay nuevas profesiones que se dedican a esto desde la publicidad como los *community manager*. Incluso se hacen campañas en todas las redes para aumentar la cantidad de seguidores y poder atraer más *me gusta*.

Si una publicación no tiene ningún *me gusta* o son menos de los que imaginamos que podría (debería) tener, aparece la angustia virtual: nos ponemos tristes y no podemos complacer a nuestro Ego que siempre nos va a pedir más de lo que podemos dar.

Algunos perfiles (¿personas reales o solo perfiles virtuales?) de Facebook parecen llevar una vida perfecta, con muchas salidas, muchas fotos de comida o paisajes hermosos. Todo lo que subimos a la red, desde la última remera que nos compramos hasta un auto último modelo, tiene esa necesidad de que los *otros* sepan que andamos bien y así darle seguridad a nuestro Ego. Pero, en realidad, ¿queremos mostrar solo cosas buenas para ganar más *me gusta*? Quizás lo hacemos sin darnos cuenta o es nuestro inconsciente virtual que navega junto con nosotros buscando la aceptación de los demás.

Todo lo que hacemos en un espacio real lo subimos a un espacio virtual, pero estos dos suelen ser muy opuestos, creamos nuestro mejor perfil en las redes para encontrar la aceptación de esta *sociedad virtual*, pero luego cuando nos despegamos de la pantalla y pisamos tierra, ¿somos los mismos? Sin darnos cuenta, creamos distintas personalidades, y luego las diferencias se encuentran en la realidad; cuando dejamos de lado la comodidad que nos brinda el plano virtual, para pasar a estar cara a cara con el otro, ya no podemos ocultarnos en ese refugio virtual que nos daba seguridad.

Y acá estamos nosotros intentado que nuestro **Yo** encuentre ese equilibro entre nuestros deseos más simples o profundos, de por ejemplo anotarnos en una carrera universitaria o pasarnos el día mirando videos en YouTube o series en Netflix.

Siempre fue difícil tomar decisiones en la vida, hay algunas que pueden cambiarnos para siempre. Hay momentos en que nos vamos a encontrar un poco perdidos sin saber qué hacer, es en ese preciso momento cuando el **Ello** y el **SuperYo** van a tomarse el trabajo de quemarte un poco la psiquis (el bocho). Pero tu **Yo** siempre va a ponerse la remera de superhéroe entre ellos dos, para encontrar el equilibrio entre ambos.

EL INCONSCIENTE COLECTIVO

Cuando uno sube una foto indefectiblemente está esperando un reconocimiento del otro, una valoración, un "me gusta", un comentario, una respuesta, algo. Y cuando eso no llega, aparece la pregunta "Qué quiere el otro de mí?". Y depende cómo uno esté parado ante esa pregunta aparecen ciertas emociones, la angustia, la tristeza, la desilusión, la soberbia, o simplemente te chupa un huevo...

mnachinachi

Lo niego con frases tipo: "nadie lo vio todavía" o "no tuvieron tiempo de darle un like"... Jajaja!

da.roja

Me sentiría ignorada. Como si no estuviera ahí xq obviamente lo vieron pero no les interesa poner like. Algo pesimista el pensamiento, no?

solcimafu

Me encanta y no la estoy por borrar. Ya fue pero por dentro estoy "la borro o no la borro???" La presión social...

lara_azul

Pienso que por pura envidia no le dan MG.

ivanpuricelli

Que se vayan todos a la mierda. Le pongo mg yo y listo, porque si la subí por algo es.

solangetorreyro

Seguro se les cayó el wifi...

juan_recabarren

Que soy realmente feo! Pero prefiero proyectar y pensar que son ellos feos y me tienen envidia.

joaquinmorello7

Me siento una pelotuda, tan despreciada que si veo que en 5hs no tiene ningún MG la borro para no sentir vergüenza jajaja!!

greys_devonne

A veces pienso: liberé la información y llegará a quien deba "llegar". Y de paso: cobarde aquel que no pone MG en esto que es TAN real! Jajaja!!!!

lau_storich

EL HISTÉRICO ÍCONO VERDE: EL WHATSAPP

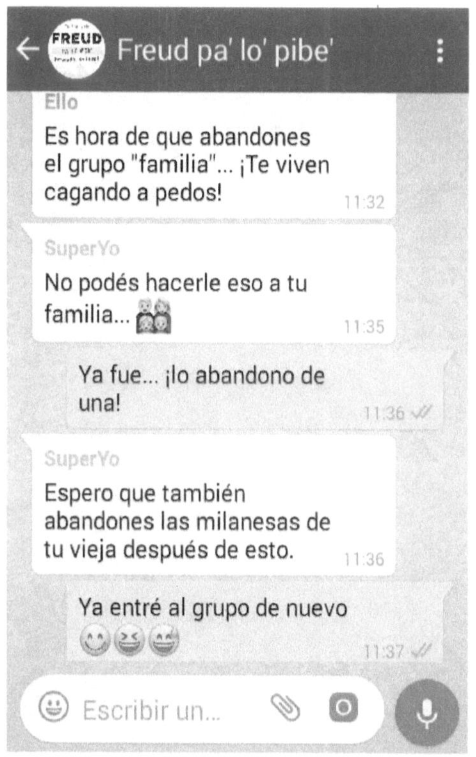

Uno de los medios más utilizados para comunicarse es WhatsApp, aplicación que permite comunicarnos rápidamente por mensaje escrito o de voz sin necesidad de tener saldo en la línea telefónica, tan solo requiere conexión a wifi (que es un mecanismo de conexión que te une al mundo virtual, o te desconecta del mundo real). Fuera de este medio virtual de utilización masiva quedan aquellos pocos a los que no les interesa o que por su edad no aprenden a usarlo. Pero también quedan marginados aquellos que no pueden comprar un dispositivo móvil compatible para poder utilizar esta aplicación. Esos que tienen el acceso pero no les interesa tener esta aplicación son tomados como *bichos raros*, porque no quieren comunicarse rápidamente con el otro o ser ubicados en todo momento y lugar.

También se los *tilda* de anticuados por no querer usar la tecnología que, en realidad, ya pasó de ser una moda a ser un bien (¿bien?) necesario. Nosotros mismos creamos la necesidad de estar comunicados todo el tiempo y estar fuera de esto nos desconecta de una sociedad conectada. Olvidarse el teléfono, no tener señal o quedarse sin batería produce una fobia a la necesidad de estar conectado todo el tiempo, a no sentirse aislado del mundo. En muchos países se está estudiando este tema que se denomina *nomofobia* (miedo a olvidarse el celular).

En cambio, los que por cuestiones económicas no pueden acceder a estas nuevas tecnologías se sienten marginados de un mundo de conexión con los demás y les duele no poder entrar en esa sociedad virtual en la que se van estableciendo nuevos códigos de convivencia.

En WhatsApp se esconde un universo de nuevos significados que surgen del imaginario colectivo de los usuarios. Pero en este mundo virtual no todos imaginan lo mismo o actúan de la misma forma que en el mundo real. Existen personas que necesitan volver a leer o escuchar, si es un audio, para confirmar algo o solamente para sentirse más tristes si es una noticia que no esperaban o reforzar la euforia en caso contrario. También hay quienes sacan una captura de la conversación y se la envían a un amigo para compartir *virtualmente* lo que el otro escribió para demostrar que es cierto mostrar su enojo ("¡¡Mirá lo que me puso!!"). Todo queda registrado para, en algún momento, utilizarlo en contra o a favor del otro. ¿Formamos entonces un vínculo virtual imaginario?, ¿acumulamos pruebas que nos pueden servir en un futuro *juicio* contra el otro?

Los sentimientos se enredan en la red y pensamos que *bloqueando* (opción del WhatsApp para que la otra persona no te pueda escribir) a alguien con el cual nos peleamos o tuvimos una relación amorosa, vamos a poder solucionar algo. Los mundos se mezclan, podrás bloquearlo del WhatsApp, ¿pero en tu mente también lo bloqueás? Podemos decir que bloquear a alguien es una forma de reprimir virtualmente, no queremos saber nada del otro o que tenga la posibilidad de hablarnos, pero no es la solución del problema, ponemos solo una barrera virtual porque nuestra mente no tiene barreras.

No nos olvidemos de los *grupos virtuales* en WhatsApp; los hay de todo tipo: familia, excompañeros, facultad, hermanos, amigos. Codificamos los grupos con diferentes personas, que quizás también están en otros, con la idea de comunicarnos con algún fin en común, entre todos al mismo tiempo. Es el caos: si los seres humanos muchas veces no podemos escucharnos cara a cara, ¿en qué momento pensamos que podíamos hacerlo en un grupo de WhatsApp? Muchas veces no se entiende nada de lo que se habla, intentamos organizar una simple reunión con amigos y se termina armando un debate sobre otro tema o nos perdemos la charla si no estamos conectados en el momento justo.

Existe la opción de silenciar el grupo o una conversación, todos en algún momento lo hacemos para dejar de escuchar las notificaciones. Porque cuando suenan *no podemos* no verlas, intentamos estar online todo el tiempo para no perdernos nada de lo que pasa del otro lado, en el mundo virtual. Hasta podemos ponernos un poco obsesivos con eso de no tener ninguna *notificación* pendiente por ver de nuestras redes y eso puede distraernos *un poco*. Por ejemplo, si estamos muy concentrados preparando un final, solo nuestro SuperYo puede salvarnos: "Dejá de boludear con las notificaciones y ponete a estudiar que se te viene la noche". En este caso no corremos peligro, como mucho podemos recursar la materia, pero hay otras situaciones en que sí. Si estamos manejando y queremos leer todas las notificaciones que nos llegan, podemos generar algún accidente de tránsito. No tenemos que olvidarnos que físicamente vivimos en un mundo real, el virtual muchas veces debe esperar.

También puede suceder que queramos abandonar un grupo de WhatsApp, ese que se llama "Juntada2015". Porque claramente quedó obsoleto, porque ya no nos interesa de lo que se habla o porque solo te llegan memes de perritos y cadenas que, si no compartís en dos minutos con veinte personas, vas a tener mala suerte todo el año. Pero *abandonarlo* es una decisión para muchos difícil, porque de esta acción se van a enterar todos los participantes: "¿Se cansó de nosotros?, ¡Qué mala onda!". Igual no vas a zafar del fanático compartidor de cadenas, te las va a enviar de forma individual… pero ¡quién te dice que algún día no te hacés millonario compartiendo alguna imagen del Ricky Fort de la buena fortuna!

Ojo, que incluso te pueden expulsar de un grupo, ¿cómo

nos puede afectar esta *expulsión* del mundo virtual? Es solo un grupo, pero ya no podemos entrar más en él y, seguramente, lo primero que vamos a pensar es que están hablando de nosotros ahora que no estamos. Los motivos de la expulsión de un grupo pueden ser similares a los que llevarían a que te echen si estás en un ámbito social, por ejemplo, en el aula: insultaste a alguien o molestaste en las charlas de los demás. Lo que quizás perdés en el mundo virtual es la oportunidad de una defensa. Una vez que te echaron del grupo, a menos que le escribas a algún integrante de forma individual, ya no vas a enterarte de lo que sucede. Y ese *poder* de expulsarte lo tiene el que armó el grupo, es el *administrador* que, como un cacique te puede exiliar de la aldea. Incluso hay grupos más democráticos donde todos son administradores, ¿la sociedad se traslada a la red virtual con sus reglas? Hablamos de poder virtual, democracia virtual, todos queremos entrar de alguna forma a esa gran red que nos atrapa a todos por igual.

Los medios de comunicación siempre existieron de alguna manera, quizás ahora son mucho más dinámicos que antes, por eso nos sorprenden.

Si no, imaginate las cartas que se enviaban Freud y Jung, donde comenzaban a intercambiar ideas del movimiento psicoanalítico, pero también hablaban de temas personales o realizaban críticas de sus colegas. Seguro que, si fueran contemporáneos nuestros, ellos usarían el WhatsApp para comunicarse y tendrían un grupo que se llamaría "Lacan, escribí más claro" o "Piaget, te faltó el estadio de la fiesta".

Lo importante es encontrar un equilibrio entre el mundo real y el virtual para poder vivir en ambos.

EL INCONSCIENTE COLECTIVO

Las pendejadas sin contexto que uno puede llegar a pensar, a escribir o a leer. Cuando algo no suma a tu vida, para qué quedarse?

@CaamiDerganz

Que digan a las 6 tenemos clases y un boludo pregunte "pero a qué hora tenemos entonces?" y se arme un debate del horario para terminar diciendo las 6…

@EliiGuillaume

Dejar un grupo de whatsapp me produce satisfacción al saber que no voy a recibir mensajes sin sentido cuando estudio para los exámenes

@KEVIN_DEBOCA

Que dejas un mensaje claro y contundente de que no te interesa saber nada de ellos o de los temas que tratan. Los cobardes también podemos silenciar por un año y archivar el grupo que da la misma satisfacción y te ahorras problemas y "quedas bien" con la gente.

@mdanielao

Liberación absoluta. Felicidad. Es como
una puteada masiva liberadora.

@argentaorgullos

Y... depende de qué grupo se trate, a veces
no me provoca nada porque no era de
mi interés pertenecer a ese grupo, otras
veces siento como que voy a "extrañar
esas charlas" de los grupos sobre la
Facultad... Y otras veces siento que,
dentro de lo que se puede, en relación a
los vínculos y las distancias, suele unir o
hacer sentir a esas personas como los de
la familia.

@agustdavi

Me produce una catarsis!!!! Dejándome
llevar por mi Ello.

@Orozco05_

Produce una sensación de alegría
psicorealista ya que la misma es una
invención de la sociedad en conjunto por
lo cual podemos determinar que Piaget
maneja el patrullero Ah re.

@Buji08

El mismo sentimiento de libertad que
cuando terminé el secundario. "Al fin salí
de esta mierda".

@Soy_Luminosidad

A FREUD NUNCA LE CLAVARON EL VISTO

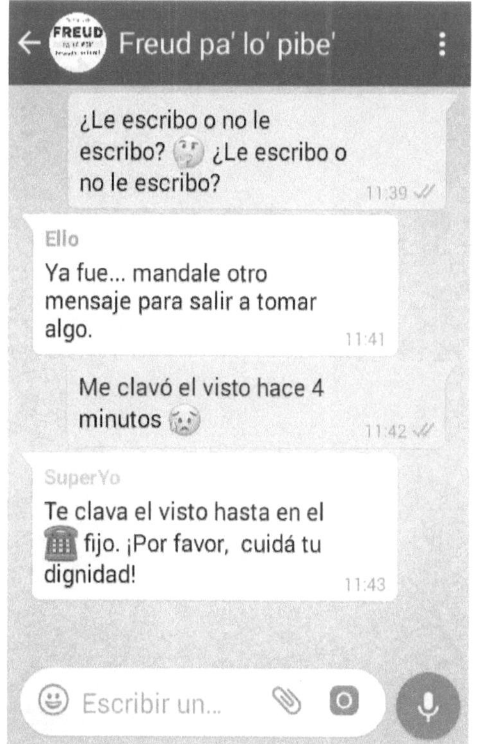

Uno de los *problemas* que trae la comunicación instantánea (y a la vez uno de sus *beneficios*) es "que te claven el visto" en una conversación. Para los que se preguntan qué es: mandás un mensaje, si te aparece una tilde es que ese mensaje salió de tu teléfono y si te aparecen dos, es que llegó al otro teléfono, está todo preparado para que tengamos el control de la ruta de nuestros mensajes. Pero si esas dos *tildes-espías virtuales* se ponen en azul significa que la persona leyó el mensaje. Poco importa si no te puede responder porque está trabajando o cocinando, en el cine mirando un superestreno, durmiendo la siesta, conversando de manera real con alguien que le está contando algo importante o en plena pelea. Si leyó el mensaje, ¿por qué no va a tener tiempo para responder?, ¿qué le cuesta si son dos segundos?.. son las preguntas más frecuentes que se nos vienen a la cabeza. Este episodio produce sensaciones diversas en diferentes personas, por ejemplo: la ira por la falta de interés del receptor del mensaje, aquel que clavó el visto, tal vez bronca o tristeza. Siempre depende de quién sea esa persona en tu vida y el motivo del mensaje: amoroso, laboral, familiar o encuentro con amigos, dependiendo del receptor pueden surgir distintas sensaciones. Todo funciona como si nosotros mismos navegáramos dentro de internet. Tan solo un mensaje leído que no fue respondido en tiempo y forma puede generar desde grandes discusiones hasta la separación de una pareja. ¿Estamos más conectados con la persona que amamos?, ¿controlamos si nos son fieles virtuales? Tenemos la posibilidad de estar conectados con nuestra pareja todo el día, como si eso fuera una prueba de amor: "Hablo todo el día con vos". Queremos saber qué está haciendo o con quién está.

El problema ocurre en las relaciones con vínculos virtuales muy fuertes, que no se perdonan una *no-respuesta* del otro. Y así comienzan a desconfiar de inmediato y entran a todos sus perfiles sociales a *controlar* qué está haciendo y a quién le puso *me gusta* en alguna publicación. La *infidelidad virtual* puede llevar a la separación de la pareja porque las persecuciones virtuales potencian las inseguridades.

Luego, esta situación genera que nuestra imaginación virtual vuele por la red y nos comenzamos a enredar en ella con pensamientos que navegan por nuestra mente buscando un sentido ("¡¿Por qué me clavó el visto?!"). Clavar el visto pasa a ser un desaire, un destrato, un desprecio. Si es nuestra pareja o alguien con quien estamos empezando algo, podemos pensar que no nos quiere, que ya no le interesamos más o que se aburrió de la charla, entonces revisamos con lujo de detalle la conversación para encontrar el error y si no lo encontramos, lo inventamos.

Si viajamos un poco en el tiempo, antes existían las cartas entre parejas, amigos o amantes que estaban separados por miles de kilómetros. Podemos suponer que les generaría ansiedad que esa carta llegara a destino. Se expresaban sentimientos como la nostalgia ante el ser querido ausente y se relataban cotidianeidades que el otro, por lejanía, no podía compartir. Pero no todo era inmediato, no se sabía si el otro había recibido la carta hasta obtener una respuesta. Incluso tampoco se conocían los tiempos y posibles causas de la demora del correo si no llegaba su respuesta. Pero la espera no era tomada como una falta de interés por la otra persona y nuestra ansiedad no nos desesperaba. En la actualidad cambió el paradigma, si no respondés podemos llegar a pensar a que te quedaste sin crédito o sin batería, solo esas causas pueden ser tomadas *quizás* como válidas. Quedarse sin batería en el celular puede producir una sensación de desesperación por la falta de conexión con el mundo, tanto que hasta las grandes compañías de celulares ya venden sus teléfonos con la premisa de destacar como cualidad prioritaria la cantidad de horas que dura la batería y en un futuro quizás tengamos wifi en todos los espacios públicos. Cada día las excusas para no responder van a ser menos. Como el medio de comunicación es más dinámico, ¿somos más ansiosos que antes? Quizás, sin darnos cuenta, pensamos que responder un simple mensaje para el otro es cuestión de segundos, sin importarnos el contexto en el que lo recibe, ¿entonces nuestra ansiedad dura lo que tarda en ser respondido el mensaje? ¿No nos interesa lo que está haciendo el otro porque no lo vemos? Recuerdo que de chico me decían "no vayas a la hora de la siesta que vas a molestar", ahora ¿será que nos creemos con derecho de *poder molestar* las veinticuatro horas del día?

A veces ocurre que después de este episodio de dudas y preguntas que nos hacemos a nosotros mismos, solamente porque alguien *nos clavó el visto*, comenzamos a realizar una persecución virtual de esta persona. Por supuesto, lo primero que vamos a ver es si está *en línea* o el horario de su última conexión. Lo mejor que podría pasar es que su horario de última conexión coincida con la hora en que nos *clavó el visto*, quizás de esa forma no especulamos tanto. Pero si no es así, nuevamente comienzan las preguntas: ¿con quién está hablando si no es conmigo? En este momento, llegamos a la angustia virtual, nos sentimos tristes solamente por imaginar cosas que no sabemos si son reales y nuestra cabeza parece un cubo Rubik de pensamientos que no podemos descifrar.

Lacan decía que la angustia es la espera de que algo sucederá. Podemos decir que, en el mundo virtual, la angustia también es la espera, pero enfocada en la respuesta del otro, para sentirnos nuevamente reconfortados de que está ahí, detrás de la pantalla del celular, y nuestro miedo a perder esa conexión solo duró lo que el otro demoró en darnos su respuesta. El ser humano se caracteriza por angustiarse por todo lo desconocido, quizás sin razón. La búsqueda de algo nuevo, desde un empleo o un nuevo lugar para vivir, produce ansiedad por obtener lo que deseamos, pero si esto no se cumple tan rápido como lo

pensamos, nuestra mente se va a tomar la tarea de pensar todo lo que no queremos pensar para que nos angustiemos.

Hace un tiempo estoy haciendo un ejercicio en los trasportes públicos, despego mi vista del celular para mirar a los demás. El panorama muestra a todos mirando sus teléfonos muy concentrados: sonrisas, caras de preocupación y, a veces, hasta llanto. Y pienso cuántas sonrisas perdidas porque nadie las ve y cuántas lágrimas secretas.

Pero volviendo a la angustia virtual, ¿qué sucede si esa respuesta no llega? Nuestra angustia virtual va aumentando, se tiende a buscar la respuesta de por qué esa persona no respondió o demostramos nuestro malestar ante esta situación de *no-respuesta* que se traduce en indiferencia.

Tenemos la opción de configurar el WhatsApp de tal manera que nadie sepa cuando le clavamos el visto. Desaparecen esas dos *tildes azules* que tanto lío pueden armar para otros. Pero hay que destacar que la función también queda desactivada para que nosotros podamos ver quién nos clava el visto. Un verdadero *justiciero virtual*, si no querés que el otro sepa que le clavás el visto, lo mismo te va a pasar a vos cuando intentes saberlo. Desactivando esta opción podemos evitarnos muchos problemas... o quizás no.

Pero la realidad para muchos es que nos gusta saber que el otro leyó nuestro mensaje. Es una seguridad que nos da saber que está ahí, y hasta quizás nos hace sentir que no estamos *solos*. Alguien nos acompaña leyéndonos o escuchándonos por audio. Aunque estamos solos en el mundo real, nos sentimos acompañados en el mundo virtual.

Hasta se utiliza como un medio de seguridad. Muchos padres de hijos adolescentes lo usan para darle *seguimiento* a sus hijos. Escuché muchas veces que miran su última hora de conexión o si están en línea y, por eso, suponen que están *bien*. Además, pueden enviarles mensajes en cualquier momento y preguntarles dónde están, qué hacen y si están abrigados porque hace frío. Esto me recuerda a un capítulo de Black Mirror (*@S4E2Arkangel*), en donde la madre le colocaba a su hija, desde chica, una especie de chip con el cual podía saber en dónde estaba, qué hacía y hasta mirar por video lo que ella miraba. Claramente el capítulo no terminó de la mejor forma, porque los mundos se mezclan y la privacidad del otro se siente invadida.

Ahora, en el caso de las parejas es distinto. Si le decís a tu novi@ que te vas a dormir, pero tu ultima conexión es a las cinco de la mañana, dependiendo de la persona, podés llegar a tener algún tipo de reclamo o interrogatorio de qué estabas haciendo a esa hora *conectado*, o con quién hablabas. Pero si hay confianza en el mundo real la misma tendría que ser para el virtual. Quizás puede cambiar el panorama si, además de eso, te etiquetan en una foto liberando el Ello en pleno boliche... pero bueno, eso ya es otro tema que quedará en manos del SuperYo al día siguiente.

Las herramientas están a mano, apenas entramos a la configuración de nuestro teléfono, queda en nosotros mismos hacerlo o no. ¿Te animás a sacar las tildes azules? ¿Te bancás saber que el otro leyó tu mensaje, pero no te contestó?

No todo termina en el escenario del WhatsApp, ya que vamos a seguir intentando llamar la atención de esa persona *clavadora de vistos,* pero en otras redes sociales, en donde pueda captar que estamos a la deriva esperando que alguna de nuestras indirectas funcione.

Y te encontrás enredado en una red virtual imaginaria, haciendo tu propia película de por qué esa persona *te clavó el visto,* sin tener en cuenta que quizás no llegó a responder o quería hacerlo luego, con más calma, para dar una mejor respuesta.

Pero *no responder* parece no ser una opción, tenemos que estar comunicados todo el tiempo, y para lograr eso, todo mensaje enviado tiene que tener una respuesta por la otra parte. Mientras tanto esa angustia continúa porque *stalkeando* (el término deriva del inglés, del verbo *to stalk* que equivale a *acosar, espiar* o *perseguir,* transformándolo a nuestra lengua) no encontramos nada que nos dé seguridad, en las parejas aparecen los *celos virtuales* pero no sabemos de qué, en realidad.

Freud diferenció a los celos en grupos: *normales, proyectados* y *delirantes;* a los dos últimos se los considera patológicos. Los

celos proyectados son aquellos que nosotros mismos reprimimos, es decir, es lo que nosotros queremos hacer (pero no hacemos) y lo proyectamos en el otro. Se me vienen miles de preguntas a la cabeza, ¿de dónde vienen esos *celos virtuales?*, ¿solo son parte de nuestra imaginación? Lo único que puedo pensar es que en realidad la red se va a encargar de potenciarlos mucho más en una persona celosa.

Antes no teníamos la posibilidad de saber de nuestras exparejas, quizás cuando cortábamos con alguien, si no vivía en el barrio o cerca de nuestras casas no teníamos oportunidad de saber de sus vidas. Con las redes sociales podemos saber todo de ellos, y como nos gusta saber, queremos ver fotos de sus actuales parejas y opinamos a escondidas: "¿por esa me dejó?", "¡mirá con quién anda ahora!".

Recuerdo una frase del libro *Amor líquido* de Bauman que decía: "Los celulares ayudan a estar conectados a los que están a distancia. Los celulares permiten a los que se conectan… mantenerse a distancia".

Establecemos nuevos códigos sin darnos cuenta. Vivimos en un mundo virtual en donde la imaginación puede más que la realidad, nos hacemos problema porque nos *clavaron el visto* sin saber cuál es el motivo. Pero, qué te claven el visto ¿es una falta de respeto?

Quizás todo ese *mundo* que armamos imaginariamente sería más sencillo de solucionar caminando hasta la casa del destinatario para preguntarle qué le pasa o realizar un simple llamado telefónico, pero parece que esto último ya pasó de moda. Debemos admitir que el mundo cambió y las maneras de comunicarse y relacionarse también: aprender a vivir con y en él es nuestra tarea. No podemos permanecer en el pasado constantemente porque el mundo sigue girando y las cosas, para mejor o peor, están en permanente cambio. Lo importante, como diría Piaget, es mantener el equilibrio de la situación y asimilarlo de la mejor forma posible, es decir, todos en algún momento ante una situación nueva en nuestra vida perdemos un poco el equilibrio. Porque es algo que no conocés y el ser humano tiende a tener miedo a *lo nuevo*. Es en ese momento cuando perdemos el equilibrio, luego intentamos asimilar lo nuevo, por ejemplo: comenzamos un nuevo trabajo, estamos nerviosos, pero día a día asimilamos el nuevo escenario hasta llegar nuevamente a un equilibrio de lo conocido. Nunca es fácil, podemos tener muchos factores en el trascurso que demoren ese equilibrio, pero al final lo logramos. La vida es igual, está en constante cambio, depende de nosotros si queremos mantenernos en equilibrio o romper con esa rutina que tanto nos molesta.

Vivimos hiperconectados por diferentes medios creados para que la comunicación sea más rápida y fluida que antes. Escribimos más que antes (hay quienes son perezosos y como les *da fiaca* prefieren utilizar la opción del audio de WhatsApp). Pero me pregunto: ¿dónde quedó la palabra frente a frente?, ¿los gestos, las miradas en una charla?

A Freud nunca le clavaron el visto o lo echaron de un grupo de WhatsApp, pero seguramente en su época querían quemar sus libros, o se encontraba con otros problemas relacionados con el contexto en el que vivió. Si la subjetividad va cambiando, lo que nos afecta también se modifica con ella.

A todos nos genera un poco de ira, a otros, tristeza.

Tal vez el vínculo con la persona que nos clavó el visto es fundamental en esta novela virtual. Pero no todos somos iguales.

Romperle el celular al otro por la cabeza no parece lo ideal y guardarse esa ira para que explote en un futuro, tampoco. Creo que tenemos que aprender a jugar este juego y dejar de jugarlo cuando ya no nos hace bien. Si nos clavó el visto, dejar de insistir o buscar otro medio de comunicación, o puede ser cara a cara, para al menos saber el porqué. Seguramente alguna idea de los motivos podemos tener, pero no queremos aceptarlos. O quizás del otro lado hay alguien que no se amina a decirte "no te amo más" o "me aburrí de hablar con vos".

CARA
52

EL INCONSCIENTE COLECTIVO

Lo que me genera cuando me clavan el visto es inseguridad.

@ClariSuarez28

Que me claven el visto me genera una dominación del Ello que no me causa otra cosa que nostalgia agresiva.

@MillicayJosue

#FreudPaLoPibe creo que depende de la persona, me genera indiferencia. Si mi hermana me clava el visto le lleno de msjs hasta que me conteste

@_YMFS

Que me claven el visto me genera una gran herida narcisista

@Flor0525

Que me claven visto me genera ir hasta la casa del individuo y romperle el celular contra la pared

@JoaquinaRuano

Me dan ganas de masajearles el cerebro
con un camión doble acoplado a 120km/h
a ver si les gusta como a mí tanto me
gusta que me claven el visto *no*

@RenteriaN_

¿qué te genera? Cuando clavan el visto
nos sentimos como que no somos
"suficiente" para que nos respondan...
como que no formamos parte de las
prioridades para contestar y
dejarnos en visto...

@Guarrote2

Buen día! No mucho, depende de quién...
Pero por lo general espero a que me
hablen de nuevo y clavo el visto, onda
venganza. Soy re aburrida jaja no sirvo
para concursar

@_BerardiV

Mi aparato psi lo reprime, me olvido, y le
vuelvo a hablar. Mientras tanto mi superyo
se da la cabeza contra la pared.

@Solciito09

es que es depende las circunstancias.
Porque obvio que de cualquier persona
no te genera nada, de tu pareja te genera
curiosidad por qué lo hizo pero soy
bastante comprensiva a la hora de eso,
me pasó muchas veces en el laburo, abrir
un msj y que justo entre gente y clavar el
visto. Así que soy media rara con eso.

@MayritaBeron

¡UY!, SE ME ESCAPÓ UN "ME GUSTA"

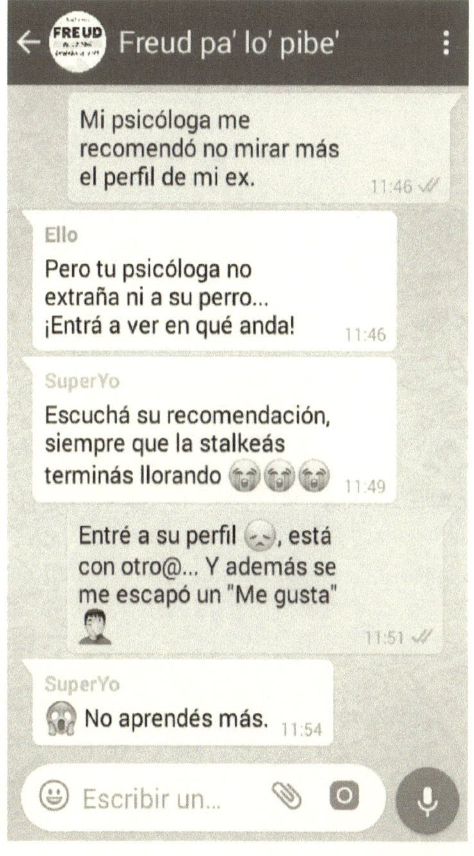

Desde que comenzó internet se crearon diferentes formas de comunicación para conocer gente, encontrar pareja o quizás para tener solo una aventura pasajera. Nunca importó la distancia, incluso hay historias de gente que viajó miles de kilómetros para conocer a alguien. Historias que pueden terminar bien o mal ya que, si nada es *real*, todo es virtual, puede ser difícil enfrentarse a la realidad de verse cara a cara.

Un poco de historia. Al principio se crearon salas de chats en Yahoo (es una empresa global de medios con una serie de servicios, como el popular correo electrónico): *Encuentros*, *Romanticismo* o para ser más directos *Sexo*. Estos eran grupos en los que las personas ingresaban y podían hablar con un *Nick* (que no tenía por qué ser su nombre real y además podían modificarlo cuando quisieran). Se establecían charlas entre todos los participantes de la sala, una gran sala a oscuras donde nadie es real o dice ser quien es en realidad. Y si se daban coincidencias, dentro de esa oscuridad ilusoria, podían luego establecer una charla por mensaje privado. Cada uno podía decir o describirse como mejor quería, y no existían

Facebook ni Instagram para poder ver gran cantidad de fotos. Entonces, si el otro te pedía una foto quizás podías mentirle y mandarle la foto de tu amigo fachero, o mandarle una que más te favoreciera. Seguramente alguna de esas charlas terminó en un casamiento y a sus hijos, algún día, les contarán cómo se conocieron.

La virtualidad da la posibilidad de establecer lazos con gran cantidad de personas, pero ¿son reales?, ¿podemos decir que existe el amor virtual? Son tantos los interrogantes que tenemos... lo importante es ir aprendiendo de ellos, todos de alguna forma vivimos una relación, aunque sea en parte, de forma virtual con alguien.

Con Facebook, mucha gente se comenzó a reencontrar con viejos amigos, a quienes les perdió el rastro a lo largo de la vida, también con viejos amores de la adolescencia. El mundo virtual nos da la posibilidad de, además de rastrear a alguien, espiar un poco su vida *stalkeando* su perfil, claro que dependiendo de quién sea esa persona en tu vida la mirás de distinta manera.

La gran ventana al universo del otro nos da muchas herramientas para poder conocerlo antes de conocerlo (o antes de reencontrarnos) en la realidad. Pero nada escapa de que luego no sea según su perfil creado, hasta podemos siempre revisar a lo que le puso *me gusta* ya que para muchas personas ese simple clic quiere decir mucho del otro. Muchas veces pasa que, en el medio de una *investigación sin querer*, o como un acto fallido virtual, se nos escapa uno de esos famosos e instantáneos *me gusta* en la publicación del otro. Una clara prueba de que el inconsciente merodea por las redes sociales también. Freud decía que los actos fallidos podían presentarse en la acción, en el discurso verbal o en un gesto. Ahora esos mismos pasan al plano

virtual presentándose en actos que conscientemente no queremos hacer, pero "se nos escapa el dedo" en el teléfono o en la computadora, y el inconsciente se hace una fiesta con nosotros.

Mientras nuestra imaginación sigue volando e intentado armar ese *Rubik* que tiene en la cabeza, no se nos ocurre mejor idea que jugar al detective en las redes sociales. A esto, como hablamos anteriormente, lo llaman *stalkear*, podemos decir que es lo mismo que chusmear a la persona, pero virtualmente. Entrar a su perfil de Facebook, Twitter o Instagram y realizar una pequeña investigación de sus últimos movimientos en la red, hasta saber dónde estuvo o a qué evento asistió, incluso a cuál asistirá, si le gustan las hamburguesas o es una persona vegetariana. Las redes sociales de alguna forman anulan la magia de descubrir al otro personalmente en una relación real, o por el contrario son herramientas que en el caso de un intento de conquista facilita las cosas, ¿es más fácil *chamuyar* para conquistar que antes?

Si vivimos en la época de las nuevas tecnologías y las comunicaciones son mucho más dinámicas que antes, ¿cambió la forma de comunicación en el amor? Pongámonos un poco nostálgicos. Antes se escribían cartas de amor, poemas llenos de romanticismo para conquistar. Hasta tenemos a ese tal Romeo, recitando una serenata a su enamorada que lo mira desde el balcón. Las cosas cambiaron un poco. Seguramente quedan aquellos que escriben cartas de amor intentando expresar lo que sienten por el otro, pero también están los que prefieren usar el chat de cualquier red social, para conquistar. ¿Hay etapas, algo así como pasos que se siguen, en la conquista virtual? Me voy animar a describir algunas.

Primero, y antes que nada, buscamos saber qué redes sociales utiliza esa persona. Primer obstáculo en la conquista virtual: si su perfil es *privado*. Inevitablemente vamos a tener que enviar una solicitud para poder ver sus publicaciones, y ya develamos nuestra identidad con el otro. ¿Y qué pasa si no acepta esa solicitud?, ¿se termina la novela virtual? Si en este primer acercamiento tenemos un rechazo, seguramente todo quede en el olvido. Pero también puede pasar lo contrario, que lo intentemos por otro medio, buscando la confirmación del rechazo. Pero tengamos en cuenta que un *no* en la virtualidad es igual que en el mundo real, nunca tenemos que invadir la privacidad del otro.

Ahora, si acepta esa solicitud, la novela puede durar un poco más, o quién dice para toda la vida. Obvio que lo primero que hacen, ambas partes, es *stlalkearse*. Una pequeña investigación en la que vamos a saber si tienen novio, qué le gusta o a dónde sale frecuentemente. Si ya se conocen en el mundo real, puede ser que tengan otro panorama de quién es, pero igual se van a *stalkear*, muchas veces no somos la misma persona en la virtualidad que en la realidad.

Otro paso para detectar que hay onda es darle *me gusta* a todas sus publicaciones, o al menos a las que tienen sus fotos. Algunos, más precavidos, pueden darle un solo *me gusta* esperando otro a cambio. Una especie de guiño, algo así como el cabeceo de nuestros abuelos en los bailes. Seguramente que el que le pone *me gusta* a todas las fotos está dominado por el Ello y el precavido anda de la mano con el SuperYo.

Alguno de los dos va a dar el primer paso al mensaje por privado. En estos primeros mensajes, pueden hablar de cosas que tengan en común o simplemente de giladas para reírse un rato. Supongamos que todo esto se da en Instagram, pero chat va chat viene, te pide tu número para hablar por WhatsApp y... ¡listo, acá hay casamiento! (jaja). Tampoco para tanto, pero ya estamos hablando de otro nivel. Eso sí, en cualquier chat, cuidado con los emojis. No le vayas a mandar de una 🥰, o 🌚, mirá si para el otro esos emojis solo se usan después del primer año de novios. Pero si te maneja el Ello y le mandás un ♥, y te responde con 🙈 podemos decir que no se anima a tanto amor. En cambio, si te manda 🌚, queda en evidencia qué piensa de ese corazón.

Los emojis están instalados en nuestra comunicación y son una forma de decir lo que no podemos poner en palabras. No creo que te enamores de un emoji, pero puede ser el medio para comenzar una relación con alguien.

El amor nos pone un poco giles, es como una sensación que no podés explicar, porque si tiene explicación no es amor. Es donde el Ello puede tomar un poco más protagonismo y muchas veces, por dejarte llevar por él, se te puede escapar sin darte cuenta un me gusta. Pero ¡cuidado! también se te puede escapar stalkeando el perfil de tu ex y mucho peor si se te escapa en el de la nueva pareja de él/ella. Acá es donde el SuperYo te va a decir "¡¿Qué hiciste?!".

El Yo va a intentar, como siempre, solucionar todo ese lío que se armó. Pero se trata de aprender a soltar esas relaciones que por algún motivo no funcionaron, sin obsesionarse con el otro y también dejar que pueda soltarte.

EL INCONSCIENTE COLECTIVO

Estaba stalkeando una piba que me gustaba y le di me gusta a una foto de su primito q era del 2014.

manuguerrero__

Una vez estaba stalkeando a mi profesor de anatomoneurofisiología en Facebook, y no solo se me escapó un MG, además sin querer compartí su foto en mi muro jajajaja. Desactivé la cuenta de Facebook hasta terminar el semestre jajajajaja.

milagrosleucri

A la mamá del que me gustaba (haciendo una red de stalkeo) y que encima sin querer como automáticamente mi dedo tocó su foto de perfil y vi su historia. Señora, por favor no diga nada… shh, shh.

luzmila.flores_

Estaba stalkeando el perfil de la novia de mi ex y presioné el botón de llamar x tel

sb_9578

Le di un "toque" a la novia d mi ex
queriendo bloquearla...

vir_alexandra

Se escapó un mg al tweet de una mina
que me odia, es la amiga de mi ex.
Desactivé mi cuenta de Twitter por las
dudas jajajaa

dalmaaban

Estaba mirando las fotos de 2014 de una
profesora que me odia y sin querer le di
me gusta

criaturita__de_rubius

Stalkeando a la novia de una amiga, le
clavé un fav en un tweet del año 2015... y
encima ni la seguía. Tremenda pelotuda

fiore_sanfelippo

Stalkeando a la hermana de mi ex en una
foto del 2014... en ese momento sentí el
verdadero terror Desactivé mi cuenta por
tres días...

eliasfernandez20

Un foto del 2015, a un chabón que hacía
un año más o menos que no estábamos!
Mocasooooooo...

pauu.leiva

En el 2014 o 2015 a una ex compañera
que me odiaba por salir con su ex/actual
(pq cortaban y volvían cada 3 días)

vascodan

ME ENAMORÉ
DE UN EMOJI

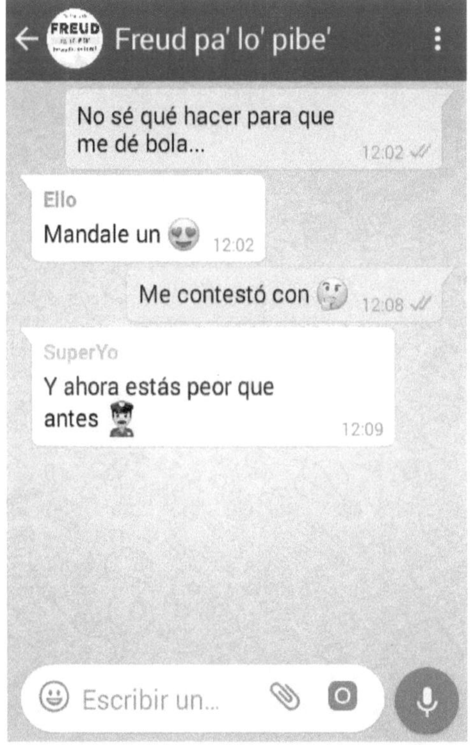

Tendemos a querer que la palabra escrita funcione tan rápido como la red virtual y cambiamos palabras, haciéndolas más ágiles. Pero inventamos abreviaciones, como bss (besos), tkm (te quiero mucho), xq (porque), ah re (chiste para cerrar una frase), y rara vez usamos las que ya existen como, por ejemplo, Uds. (ustedes), Sres. (señores), Atte. (atentamente), ¿somos más informales?

Las palabras forman un lenguaje que nos diferencia de los animales. Cuando tenemos una charla frente a frente con una persona podemos enredarnos en las palabras y quizás no entender qué quiere decirnos, pero tenemos un panorama más amplio de comprensión con el otro. Dicen que un gesto o una mirada pueden decir más que mil palabras, esto no pasa detrás de la pantalla del celular. Solo contamos con nuestra imaginación para entender las cosas. ¿Estamos creando un nuevo lenguaje virtual para comunicarnos? La mayoría de los usuarios de WhatsApp utilizan los famosos *emojis*, antes llamados *emoticones*. La diferencia entre ellos es que el primero consiste en una imagen mientras que los emoticones aparecieron primero y en forma de símbolos de texto, por ejemplo :). Los emojis son diferentes imágenes que se pueden utilizar en una charla y manifiestan emociones que nosotros mismos decodificamos según el emoji utilizado. Pueden ser desde una carita feliz, hasta un mono con la cara tapada, ¿estamos creando códigos virtuales con los emojis? En el mundo virtual las palabras son muy largas y queremos expresarnos lo más rápido posible. Podemos decir que cada emoji tiene un significado distinto para el que lo utiliza, pero también hay algunos que son de uso común para todos. Los adolescentes, o no tan adolescentes, son los que más los utilizan; hasta pueden comunicarse solo con ellos. Pero de esta forma dejamos de lado la palabra real, ¿la cambiamos por un emoji? Nuestros antepasados dejaron en sus cavernas pictogramas tallados, ¿nosotros vamos a dejar los emojis?

No solo en WhatsApp los utilizamos, ya están en todas las redes sociales y hasta se utilizan para hacer publicidades gráficas en las calles. En Facebook cuando publicás tenés la opción de poner cómo te *sentís* con un emoji : "Me siento pensativo", "Me siento orgulloso", "Me siento nostálgico". Ojalá fuera tan fácil expresar lo que a uno realmente le pasa con un emoji. Sobre todo, en situaciones en las que ni nosotros mismo sabemos qué nos pasa para poder decirlo. Por suerte, para eso tenemos el emoji "Me siento pensativo", o "Me siento bah", que es un poco confuso... ¿te sentís en la nada misma o sin ganas de nada? Pero para ese está el de "Me siento aburrido". Y así armás tu ensalada de emojis pero seguro alguno te va a representar... ponele. Uno más que me llamó la atención es "Me siento incompleto", ¿en qué situación tenemos que estar de nuestras vidas para utilizarlo? Como si fuera tan simple poder *completar* al ser humano. Nos convertimos en una máquina de desear cosas que no tenemos, y no sabemos si en realidad las necesitamos; el ser humano es incompleto porque siempre busca eso que le falta.

Freud decía que "la ciencia moderna aún no ha producido un medicamento tranquilizador tan eficaz como lo son unas pocas palabras bondadosas". Hay muchas palabras que nuestro inconsciente se encarga de reprimir por algún hecho traumático en nuestras vidas y cuando podemos decirlas en terapia nos sentimos liberados. La represión, según Freud, es el mecanismo de defensa más importante y la base del psicoanálisis, consiste en todo lo que el sujeto quiere rechazar o no aceptar, ya sean pensamientos, imágenes o recuerdos. Esta misma puede ser tan fuerte que puede hasta no aceptar que está reprimiendo.

Explicado en otras palabras podemos decir que no nos hacemos cargo de algo que nos sucedió, como ponernos la capa invisible que usa Harry Potter y querer ser invisibles de nuestra propia realidad.

Ahora me pregunto, en un futuro, ¿vamos a reprimir los emojis? Sí, suena a una locura y seguramente Freud me está insultando desde el más allá, pero en tiempos virtuales todo es posible.

Luego de realizar algunas encuestas entre usuarios de Twitter sobre los emojis, pude descubrir que se están creando distintos significados para cada uno, pero son significados subjetivos, no tenemos un uso común de la imagen. Además, se les da un valor de importancia y categorización, no todos los emojis se usan con todos los participantes de la comunicación virtual. Algunos los ponen en sus estados de WhatsApp para que el otro sepa si está triste, contento o enojado, como si fuera una tarjeta de presentación antes de comenzar una charla.

¿A quién no le pasó estar medio pasado de birras a las cuatro de la mañana, cuando somos puro **Ello** y con las defensas del **SuperYo** bajas, y enviarle solo un emoji a nuestra expareja?

Con todos los emojis que tenemos, podemos elegir cualquiera, pero si se te escapa el del corazón... hay que ver cómo el otro lo interpreta. El problema es al otro día, cuando te levantás con resaca (que es el recuerdo de lo inconsciente que fuiste la noche anterior) y te cae la ficha de lo que hiciste. Ahí es donde aparece el **SuperYo** disfrazado de Demogorgon (si no sabés lo que es, buscalo en Netflix), y se va a encargar de que sientas más culpa de la que ya sentís.

EL INCONSCIENTE COLECTIVO

Ninguna, porque antes nos manejábamos
sin WhatsApp, muy bien.
Fatii Ferreyra

Sería imposible que alguien supiera
nuestra ubicación en tiempo real
Andrea Pérez

Mandar/recibir audios eternos que antes
se hacían con una llamada y en definitiva
era mejor...
Carla D'Andrea

Expresarlo todo con un emoji... Pedir
papel higiénico sin tener que gritar desde
el baño. Jajajajajaja!!!
Flori Moyano

Clavar el visto
Luu Gonzalez

mandar fotos y videos al instante!!!
Yuliana Echazarreta

Silenciar conversaciones indeseadas.
Silvia Luriaud

Dónde carajo anda mi hijo
Mari Ortiz Ayerra

Expresar mis sentimientos con emojis
Bethania Dure

Bloquear a alguien jaja!!
Gaby Gutierrez

Sería difícil pelear todo el día. E incluso
he visto parejas y hasta padres que se
controlan. Si no existiera eso no pasaría
tanto, o sí, pero no tan fácilmente.
emiliavalestrag

Hablar con toda la familia a la vez en el
gran grupo Familiar jaja!!
Cristi Sosa

Guardar mensajes como pruebas
añossss hasta necesitar ganar una
discusión!!! El *pero vos me dijiste*
irrefutable!
Veronica Carolina B

Si no existiera WhatsApp, otra cosa de
mi vida cotidiana que sería imposible es
flashear amor tanto tanto tannnnto con
un flaco y terminar llorando como una
Magdalena. No aprendo más. O bueno, no
estaría funcionando en mí eso de recordar
para no repetir...

mariana.margo

CRECER ENREDADO

La mayoría de usuarios en las redes sociales son adolescentes; aunque en el último tiempo ya participan de todas las edades, estos son los que están más tiempo conectados a ellas. Navegan por las redes buscando la aceptación del otro, suben gran cantidad de fotos buscando ser aceptados mediante los *me gusta*, cuentan sus vidas o lo que les pasa en 140 caracteres de Twitter. ¿Usan las redes sociales como su diario íntimo? Antes se usaba un pequeño diario con candado, en el que cada uno escribía lo que le sucedía y no se animaba a decir en palabras. Era como una descarga escrita, e íntima, de lo que le estaba pasando. En la actualidad todo es más público y eso no excluye a los sentimientos, esto hace que la mirada crítica del otro caiga con más peso sobre ellos. La sociedad virtual es la que tiene la posibilidad de ver *todo* de nosotros, o al menos lo que queremos mostrar, pero si seleccionamos nosotros mismos lo que queremos subir a las redes y no obtenemos lo que esperamos, nos sentimos... ¿tristes?, ¿nos enojamos?

La adolescencia es un período muy importante en la constitución de la personalidad, es donde se construye el *yo* (la persona reconocida por los demás). Para el adolescente ya no es importante el reconocimiento de sus padres, porque están dejando esa *niñez*, donde estaban cómodos con la relación de protección que tenían, para pasar a ser adultos. Sin importar la época, la adolescencia nunca fue fácil, hay muchos factores que pueden intervenir en ella. La palabra adolescente viene de *adolecer* porque *duele* dejar de ser niño para pasar a ser adulto.

Uno de los factores que influye en esa constitución del yo es la sociedad, la cual nos entrega estereotipos de *seres felices*: desde estar a la moda o el peso que tenemos que tener para no ser *gordos*. "La adolescencia es la experiencia de pasar una fase que enlaza la niñez con la vida adulta, y que se caracteriza por el aprendizaje de nuevos papeles sociales: no es un niño, pero tampoco es un adulto, es decir, su estatus social es difuso. En este desarrollo del nuevo papel social, el adolescente debe buscar la independencia frente a sus padres. Surgen ciertas contradicciones entre deseos de independencia y la dependencia de los demás, puestos que se ve muy afectadas por las expectativas de los otros", detalla Erik Erikson sobre esta etapa.

Pensemos ahora que el escenario para los adolescentes cambió. Están inmersos en la sociedad del mundo real, con todo lo que conlleva para ellos adaptarse a la misma, desde buscar sus grupos de pertenencia hasta estar en constante búsqueda de sus ideales. En tiempos actuales no podemos determinar la edad exacta en la que uno deja de ser adolescente para convertirse en adulto. Creo que en ninguna época se pudo establecer esto con una línea cronológica con la que se puedan determinar las etapas en las que están permitidas las giladas y en las que no. En todo caso, ¿uno no tiene la edad que quiere tener en realidad?

Siempre se ve a los adolescentes como una amenaza al *orden social*, por eso tenemos que educarlos para que entiendan cuáles son las reglas de convivencia y, de esta forma, se adapten al sistema. Pero los lanzamos a una sociedad llena de prejuicios, en donde les decimos cuáles son las medidas para estar a la *moda*, o cómo vestirse para ser parte de la misma o que la felicidad se encuentra en cosas materiales o el discurso de padres: "tenés que estudiar", "tenés que trabajar", "tenés que ser *alguien* en esta vida". Mientras, como adolescentes, de un día para el otro no sabemos quiénes somos y la pubertad es una bomba de estímulos dentro del cuerpo. Nos perdemos entre discursos, queremos nosotros mismos explorar el mundo, soltando la mano de nuestros padres, aunque eso nos duela.

Comenzamos a explorar ese mundo en el cual van a cumplir un papel fundamental nuestros grupos de pertenencia. Ya que, para salir del grupo familiar, tenemos que *salir con alguien*, desde un amigo o grupos de amigos, hasta tener las primeras aventuras en el amor y nos aferramos con fuerza a esos primeros vínculos, lejos de casa. Es acá en donde para generar esos vínculos, nos hacemos *fanáticos* rápidamente de una banda de música o los muy conocidos youtubers. Porque ellos están dentro de las redes sociales como nosotros. El adolescente busca sus pares en donde se encuentra identificado o también muchas veces busca pares de lo que desea ser.

Ahora hablemos de esos adolescentes perdidos, pero en el *mundo virtual*. Parece ser que si no tenés un perfil de cualquier red social, no existís. Pasan horas, o quizás todo el día en época de vacaciones, conectados: mirando sus redes sociales, YouTube, Netflix o jugando online con otros usuarios. Y pierden un poco la noción del tiempo, pueden estar hasta altas horas de la madrugada haciendo lo mismo. Hay muchos que se cierran y tampoco interactúan de manera virtual, se arman *su mundo*, por ejemplo, en la comodidad de su pieza y no hay motivo para salir al mundo real. Crecer duele y cada uno intenta llevar ese duelo que es dejar la infancia de la mejor forma posible.

En el mundo virtual, ¿quién cuida a los adolescentes? ¿Quién los acompaña? Parece ser que en el mundo real nos preocupa qué pueden hacer esos adolescentes *perdidos*. Entonces les preguntamos a dónde van, con quién se juntan y, muy importante,

que vuelvan a casa antes de que llegue la noche. Cuando están en el mundo virtual, físicamente están encerrados en su cuarto y por eso nos relajamos un poco y pensamos que están *cuidados*, que no pasan frío y que ya no importa si es de noche o de día, total están *en casa*. ¿Sabemos qué hacen en ese mundo virtual?, ¿por dónde navegan?

No hace falta explicar qué es lo que pueden hoy en día encontrar en internet, todos tenemos el conocimiento de una u otra manera de los contenidos que podemos encontrar en la red. Seguramente, dependiendo de la edad, van a buscar eso que les dé mayor curiosidad para ver. Los adultos, no todos, piensan que los adolescentes de hoy están seguros de los peligros que pueden encontrar en la calle, pero no prestan atención o no entienden muchos de los peligros que pueden encontrar en las redes.

Los adolescentes se exponen mucho en las redes sociales: subiendo fotos, o poniendo en palabras o *estados* lo que les está pasando. Por ejemplo, si suben una foto de ellos en la playa y tienen comentarios negativos, o hasta discriminatorios, no saben cómo reaccionar ante eso, pueden angustiarse y nunca más subir una foto igual. Y todo queda registrado en el mundo virtual, y puede ser usado como material para *bullying* en su ámbito escolar. La exposición en las redes puede potenciar aún más su exposición en el aula. Recuerdo un capítulo de otra serie de Netflix, *Merlí,* serie que muestra muchos problemas de los adolescentes en la actualidad. El capítulo toca el tema de la exposición de los chicos: a los alumnos les llega por WhatsApp un video erótico de una compañera nueva con su expareja, quien lo hizo público por despecho. El video se viralizó de forma tal que la adolescente se sintió tan avergonzada que quería dejar el colegio.

De estos casos ya se están escuchando varios en la actualidad y, aunque también les pasa a los adultos, a los adolescentes les puede afectar de otra forma. Aún no están preparados para la mirada descalificadora del otro, ni para separar lo íntimo de lo público. Y pueden tomar decisiones drásticas en su vida para intentar solucionar el problema, porque con tanta exposición en las redes, es muy fácil que hoy en día lo privado pase a ser público.

En el mundo virtual también aparecen cada vez más seguido los casos de *grooming*, que es la práctica de acoso y abuso sexual contra niños y jóvenes a través de internet. La misma puede darse en las redes sociales cuando aceptamos hablar por chat con desconocidos, que obviamente no sabemos cuál es su edad real y engañan para llegar a un encuentro o pedir que les envíen fotos. Muchos padres ya están alertados sobre estos casos y controlan con quién hablan sus hijos, sobre todos los más pequeños. Pero con los adolescentes es más difícil poder realizar este control, ya que por su rebeldía ante los controles no les permiten ver sus redes sociales y tampoco les cuentan qué es lo que hacen. Es muy importante ante cualquier caso recurrir a la familia, animarse a hablar de lo que están pasando y no tomarlo como algo normal que sucede en las redes sociales.

Vivimos en una sociedad real que no está preparada para estos casos virtuales, ya que todo parece ser nuevo. No podemos tener leyes que nos acompañen hasta que las cosas no sucedan y se debatan cuáles son la soluciones para ellas. Pero, en el mientras tanto, siguen sucediendo y lastimando a quienes están más indefensos. Lo importante es acompañar al adolescente en esta etapa de su vida, desde la familia, el colegio y sus profesores. Que no se sienta transitando solo por un mundo sin que a los demás les importe. A todos nos tiene que importar, como sociedad, qué es lo que sucede en las redes sociales y

Siempre se escucha la frase
"la juventud está perdida".

Suena con nostalgia porque el pasado siempre fue mejor.
"Éramos más sanos", "jugábamos en la calle". Pero seguramente
no recordamos lo que nos costó a cada uno esa adolescencia y lo
que sufrimos a puertas cerradas las cargadas en el colegio, los
acosos en la calle, el hecho de que nuestro cuerpo cambiara...

Ahora me pregunto, si la juventud está perdida ¿quién crió a esos
jóvenes? Parece ser que tenemos que hablar menos y entender
más que nuestra época pasó para intentar acompañar a
nuestros jóvenes en sus bardos con la vida.

EL INCONSCIENTE COLECTIVO

Que la adolescencia en la vejez es más peligrosa que la adolescencia en los adolescentes.... Y que la vida social en las redes es una cagada! Por suerte no tengo a mis viejos en las redes (aunque ellos tengan un Facebook).

Sol Bustamante

En hacerme hippie y no usar redes.

Ramón Oviedo

Cuando mi mamá se creó un perfil d fb pensé q iba a poner fotos vergonzosas de mi infancia o que me iba a comentar tooooodas las fotos y posts... por suerte mi madre es una genia total y no hizo nada de lo q yo creí! Me demostró su habilidad de adaptación. Aprendió mil cosas en unos días! La amo! Y mi papá... por suerte mi papá no usa fb jajajajaja! xD

KeiLa Alejandra Troncoso Donoso

Ella piensa q todo lo q escribe todo el mundo lo ve... le expliqué varias cosas pero no las entiende... obviamente comenta y comparte todoooooo

Sabrii Sosa

Pensé: ahora van a ver la cantidad
de flacos que me quiero levantar vía
facebook y que la dignidad la dejé
en el útero.

Fatii Ferreyra

Soy de Paraguay hace 13 años que
vivo acá cuando mis padres tuvieron
Facebook fue un alivio tenerlos cerca...
Aunque sigo dudando de mi mamá con
su cristianismo

Bethania Dure

"No, mamá, el inicio no son todas las
fotos, videos y recetas de cocina que la
gente te manda; no precisás comentar
agradeciendo a todo el mundo." Fue lo
primero que pensé, pero la dejé a ver qué
pasaba... Tuve que decírselo luego de su
segunda noche desvelada porque me dio
pena que pensara que era tan popular
(de verdad, estaba abrumada xD).

Martín Osorio

Lo primero que pensé fue en rechazar la
solicitud de amistad! xD lo segundo es
que cada tanto es mejor entrar a su fb y
controlar que no se estén
mandando cagadas

Agus Magoo

Cuál de todas? Pensé algo como: " lpm!
Otra vez va a querer que le administre una
cuenta, cuya contraseña va a extraviar ".

Ailin Cunsolo

ME CONECTO, ¿LUEGO EXISTO?

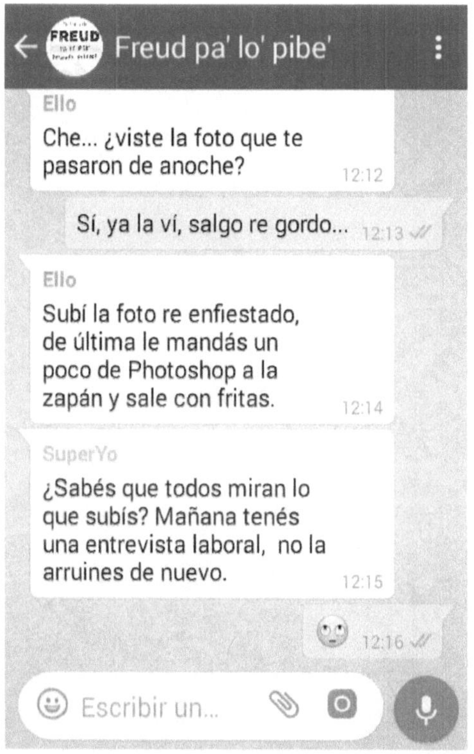

Somos náufragos a la deriva en un mar lleno de contenidos virtuales. Buscamos crear nuestro mejor perfil para ser en las redes: ponemos mucho tiempo y dedicación en *la* foto de perfil. Nadie va a subir una foto que sienta que no le favorece, generalmente buscamos fotos de las vacaciones en donde nos vemos más relajados... y después la usamos de fondo de pantalla en el trabajo y recordamos ese momento de felicidad. Incluso llegamos a poner como foto de perfil algo material, como el auto nuevo o algo que queremos mostrar.

¿Cómo elegimos la foto que nos representa? ¿Quién manda en la elección? Si los escucháramos, el SuperYo nos diría: "Tené cuidado con la foto de perfil que vas a subir... la pueden ver cuando busques trabajo o tus profesores". Mientras tanto, el Ello te diría que subas algo para llamar la atención de todos, y si no ¿para qué tenés Facebook?

Si eso pasa cuando elegimos una foto... ¿también elegimos quién queremos *ser* en redes sociales? ¿Intentamos ser usuarios de un mundo paralelo virtual?

El individuo siempre busca *ser* en el mundo. Desde un comienzo nos sentimos arrojados intentando sujetarnos a vínculos afectivos para no caernos. Vínculos que nos significan y por los que intentamos *ser*. Ser humanos, ser pareja, ser amigo, ser vecino. Ser alguien en un mundo donde, si no somos algo, no podemos ser en él. En este punto es donde empieza la guerra entre nuestro Ello y el SuperYo.

El SuperYo siempre va a pretender que cumplas las reglas de la sociedad, que seas quien debés. El Ello, por su parte, es

el que intentará que rompas las mismas reglas, que seas quien querés ser sin importar el otro. Entonces el Yo tendrá que encontrar el equilibrio entre lo que queremos ser y lo que podemos ser en sociedad.

Heidegger, en su libro *Ser y tiempo*, decía que el hombre es arrojado al mundo. A Heidegger no le interesa a dónde es arrojado, sino el hecho de *ser* arrojado. Esta caída del hombre al mundo lo convierte en un ser desolado. ¿A qué nos sujetamos cuando somos arrojados?

Para ser humanos, en este mundo que gira y gira, debemos sujetarnos a algo para no caernos al intentar aventurarnos en su selva de ideales, creencias y sociedades. Por ejemplo, desde que nacemos somos *socios* de una sociedad que no elegimos, somos arrojados. Pero nos encontramos con la institución *familia*, que es el primer lugar de donde vamos a sujetarnos. Las leyes familiares nos dicen qué está bien y qué está mal. De alguna manera, nuestros padres le van dando de comer al futuro SuperYo que nos va a quemar el bocho. Y así terminamos siendo un engranaje más de un sistema, al que necesitamos sujetarnos para sentirnos parte.

Podemos decir que, cuando abrimos nuestra cuenta de Instagram, ¿nos sentimos arrojados al mundo virtual? La abrimos porque nuestros amigos tienen, porque minita/pibito que nos gusta sube banda de fotos... o porque queremos pertenecer. Pero una vez que la abrimos, ¿qué? Solo pensando que no tenemos ningún contacto ya parece que estamos solos. Entonces comenzamos a agregar a nuestros familiares, amigos, excompañeros, exnovios de la adolescencia o gente que no conocemos, ¿de alguna forma inconsciente intentamos sujetarnos a ellos?

Sin darnos cuenta, usamos el buscador de perfiles como un buscador de vínculos para no caernos en un mundo que no conocemos, pero tampoco podemos ver o tocar. Estás solo en un mundo invisible. Miedo.

Pero no teman, de a poco van apareciendo esos amigos de

la infancia o la tía que le pone me gusta a todas tus publicaciones. Ya no nos sentimos tan solos. Quizás aparecen otras cosas como la vergüenza, cuando tu tía te etiqueta en una foto tuya de la adolescencia donde parecías un pochoclo, pero el SuperYo te diría "báncatela... ¿para qué te abriste un Instagram?".

Regresando un poco a lo anterior, ¿qué es *ser usuario*? Como aprendemos a ser seres sociales, hijos, amigos, novios... ¿también aprendemos a ser usuarios?

Para ser *seres virtuales* debemos crearnos un perfil en las redes sociales con todo lo que conlleva eso. Quizás lo vemos sencillo porque tenemos en claro qué queremos mostrar y qué no. Pero veámoslo desde otra perspectiva, para complicar un poco más las cosas. Imaginemos por un segundo que nosotros mismos vamos a crear nuestro *ser*, que vamos a elegir cada detalle desde cómo se ve, cómo se siente, qué dice. Entonces, elegimos su foto de perfil, su estado o lo que comience a compartir de otros perfiles. Sin darnos cuenta, mostramos en esas publicaciones qué estilo de música nos gusta, cómo nos gusta vestirnos, con qué ideologías políticas o religiosas nos sentimos representados. Es como tener la posibilidad de armar un cuento de lo que no somos pero que los demás lo crean porque es lo único que ven. Aunque eso sería un extremo porque todos en las redes mostramos lo que somos en realidad... ponele.

Estos seres virtuales parecen agruparse en diferentes comunidades: las redes sociales. Facebook es una red social que abarca seres virtuales de diferentes edades: dejó de ser territorio solo de adolescentes, ya los padres/tíos/abuelos comenzaron a poblarlo. Quizás, al principio, para ver por la ventana qué hacían sus hijos, pero después no pudieron salir. Podemos decir que es una red social *familiar*, un barrio residencial un poco alejado de la ciudad.

En cambio, Twitter es una red social de debate, "de tirar lo primero que se nos viene a la cabeza". Pocos caracteres y sin muchas fotos personales. ¿Se parece un poco al ruido de la gran

ciudad? Mucho ruido y vecinos sin cara conocida. Hay usuarios que no entendieron la dinámica de la red, no se la bancan y la abandonan. Pero sus tendencias pueden marcar el termómetro de un país, sobre todo en temas políticos. Lo que pasa en la ciudad es "lo que está pasando".

Por último, Instagram, la hija reconocida de Facebook. Comenzó siendo una red para subir únicamente fotos. Un lugarcito *cool* que pocos entendían. Pero, con sus recientes historias instantáneas, es muy utilizada por la mayoría de los adolescentes que migraron de Facebook para escaparse de sus viejos y poder estar más *sueltos* a la hora de publicar. La zona de la ciudad a donde salís sabiendo que no te vas a cruzar con tus viejos.

No me gusta clasifica , pero de solo pensar en los *seres virtuales* que encontré en la red surgieron algunos estereotipos. Pensémonos seres extraños en un mundo lejano que recién descubrimos y clasifiquemos especies

Los agitadores son los más activos en las redes. Se manifiestan con fotos o historias en Instagram, mostrando su vida o lo que quieren mostrar de ella. Su enorme exposición genera que tengan gran cantidad de seguidores. Pero también están los agitadores que siguen a muchos usuarios solo para que los sigan a ellos, como un "yo te sigo, pero vos seguime" implícito. ¿Para qué nos mostramos tanto? ¿Qué esperamos del otro?

Me recuerda a *Black Mirror*, una serie de Netflix que, si no la vieron, se las recomiendo. Esta serie futurista, un poco flashera por momentos, muchas veces me hizo pensar a dónde podemos llegar con el uso de las redes y tanta exposición en ellas. El capítulo (*@S3E1CaídaEnPicada*) muestra una sociedad en donde se puntúa a las personas a través de una aplicación, que se asemeja a los *me gusta*. En este sistema de puntuación con estrellas, siendo cinco el mejor puntaje, los puntos se obtienen a partir de la publicación de fotos o videos, pero los mismos marcan su escala social calificadas por la mirada del otro. Las estrellas te dan beneficios utilizados en la vida real, por ejemplo, para obtener descuentos en un alquiler o para que te dejen pasar a determinado restaurant. Todos intentan publicar su vida exitosa para ganar estrellas. Y al mismo tiempo tener un comportamiento *educado* para que no se las saquen, ya que como te las dan te las pueden quitar. En una escena, la protagonista compra algo para comer, solamente para sacarle una foto y luego tirarlo a la basura. Tenía más importancia la

publicación de ese desayuno que el alimento en sí mismo... que tire la primera piedra quien nunca demoró el primer bocado de un plato solo para la foto de Instagram. Salvando las distancias, podemos ver que las redes sociales y esos seres virtuales de a poco se meten en el mundo real. ¿En un futuro todos viviremos de, o a través de, ese *ser virtual* que creamos?

También podemos encontrar a los que no se dejan ver en las redes sociales, pero observan y saben todo de los demás.

Utilizan el medio para observar al otro y sentirse parte, de alguna forma, de este mundo virtual. Muchas veces para comenzar una charla en la vida real mencionamos las redes: "Vi lo que publicaste en Facebook, qué lindo lugar...". Estos usuarios pueden realizar comentarios en silencio o con otras personas: "¿Viste lo que subió fulano?". Muchas veces vi como entre dos personas *stalkean* a otro en su perfil virtual. En este caso tenemos dos personas en el mundo real dándole significado a un tercero, pero solo a través de lo que este subió a su perfil en las redes.

Siempre la mirada del *otro* nos da significado, o nos resignifica. En la sociedad, decide quiénes somos por cómo nos vestimos, qué música escuchamos o de qué partido político somos. Porque algo tenemos que ser. No se puede no ser nada. Y el mundo virtual es una extensión de esto. Pero si podemos ser distintos en el mundo virtual de lo que somos en el mundo real, ¿quiénes somos en realidad?

Muchas veces nos sentimos perdidos en la vida intentando ser. Encontrar realmente eso que resinifique a nuestro Yo.

Es una tarea difícil, nadie llega al mundo sabiendo lo que quiere ser en él. Ir por lo que uno realmente desea es tarea para valientes: **no caerse ante el primer problema**, esos que seguro aparecen para no dejarnos ser lo que queremos. Y puede darse en todos los ámbitos de la vida, tanto familiares, como laborales, desde trabajar de lo que queremos o tener la pareja que queremos tener, hasta poder mostrar al mundo nuestra elección sexual. **Animate a ser**, sin importar lo que piensen los demás, la vida es una sola y está para **ser lo que deseamos ser**.

CARTA 52

EL INCONSCIENTE COLECTIVO

Ni soñando, no hay ningún tipo de correlación entre twitter-instagram-facebook (muerto) -vida real. Alguien que no me conoce ni pensaría que mi Instagram y mi Twitter pertenecen a la misma persona. Y alguien nuevo que me conoce en persona y me buscara en Twitter pensaría que se equivocó de usuario

@clarafeltes

Somos en cada red social quien queremos que las personas piensen que somos pero al mismo tiempo no.

@TomasAyalaOk

Por supuesto que no somos los mismos en todas las redes. El facebook es muy "vitrina" pocas publicaciones... Instagram, fotos decentes, vender imagen... Acá en tw... bueno... acá no uso mi nombre ni mi foto. Escribo q quiero alcohol en horas de oficina y puteo contra todo

@wallacesoy

No. En instagram soy yo, la persona que
todos conocen, una persona normal,
sencilla, a la que le importa la opinión
de los demás. En twitter soy un estilo
de "personaje", la parte de mí que solo
los más cercanos conocen que está
en mí. Y los demás. Ese lado de mí
al que no le importa la opinión de los
demás, no es moralmente correcto,
disfruta el humor negro y expresa
absolutamente todo lo que pasa por su
cabeza. Inconscientemente creo que es
la persona que en realidad quiero ser.
Saludos! Son lo más!

@jmkcp

No, no soy la misma en todas las redes.
En twitter doy mi opinión más libremente,
en instagram intento hacerme más la
"sexi" jajaja y en facebook un perfil más
aniñado porque tengo a mi familia.
Espero que te guste jaja

@jessicagarcia18

Imposible, si acá tiraras las frases que se
tiran en instagram todos seríamos unas
Gracielas twitteando en camisón a las
11 de la mañana de un domingo. Igual,
personalmente, no soy muy de las redes
sociales, no me nace caretear ni publicar
selfies en punta cana para que le den fav
y publicar frases chotas de "la vida es una
sola". Aguante el cinismo (?). La verdad
que prefiero el contacto humano real, si
me conocés, que sea cara a cara, no me
emocionan las redes

@Nico_Marolt

FACEBOOK: TENÉS UN RECUERDO QUE NO QUERÉS RECORDAR

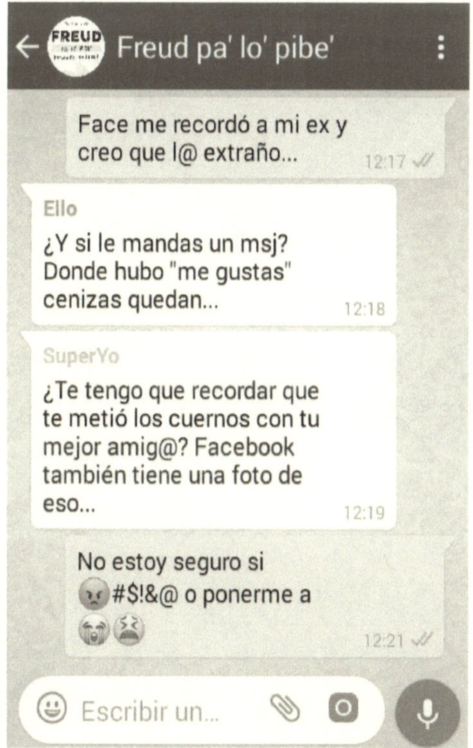

La tecnología avanza y siempre intenta desafiar al ser humano. En el desafío inventamos sistemas y aplicaciones que se asemejan a nuestro cerebro. Como ya lo decía la conocida "metáfora del ordenador" de la psicología cognitiva, para adquirir conocimiento, el ordenador necesita un hardware y un software. En el hombre el hardware es el cerebro y el software son las estructuras mentales que organizan la información.

Las redes sociales no se quedan atrás. En Facebook realizamos publicaciones casi diariamente y anunciamos sucesos importantes. Nuestro muro parece un resumen de recuerdos de nuestra vida que nosotros mismos armamos, pero en general son todos momentos felices ¿éramos felices realmente en esa foto que publicamos?

Y sí, otro capítulo de *Black Mirror* (*@S2E1VuelvoEnseguida*). Este tiene de protagonistas a una pareja de recién casados, donde el marido tiene un accidente y fallece. La mujer desesperada y en pleno duelo, por recomendación de una amiga, utiliza una aplicación para *volver* a tener contacto con su marido. No, no es como en una película de terror ni una sesión de espiritismo. La aplicación realizaba un rastreo por todos los espacios virtuales que había utilizado el marido en su vida, desde los audios de WhatsApp hasta las publicaciones en redes sociales. Recolectaba toda esa información para que la mujer, de alguna forma, pudiese volver a tener contacto con él. Con estos *pedazos de su personalidad* armaba un perfil que podía chatear, conversar por teléfono y hasta reaccionar como él. Lo que se le escapaba a esa aplicación, y no es un dato menor, era si en verdad en esas publicaciones el fallecido era realmente feliz como ella creía ver.

Podemos pensar que es solo el capítulo de una serie, pero nos plantea varios interrogantes. El ser humano siempre le tuvo miedo a lo desconocido y a todo aquello que no puede controlar. En este capítulo vemos como, de forma fantasiosa (o no), queremos superar la muerte de un ser querido. La muerte, el mayor miedo del ser humano. Vivimos como si la muerte nos corriera desde atrás y nos escaparnos de ella. Como diría Chizzo, el filósofo de La Renga: "Es que la muerte está tan segura de vencer que nos da toda una vida de ventaja".

Freud decía, allá por el 1915, en su obra *Duelo y melancolía:* "El duelo intenso, reacción a la pérdida de un ser amado, integra al mismo doloroso estado de ánimo la cesación del interés por el mundo exterior en cuanto no recuerda a la persona fallecida, la pérdida de la capacidad de elegir un nuevo objeto amoroso, lo que equivaldría a sustituir al desaparecido y al apartamiento de toda actividad no conectada con la memoria del ser querido". En esta serie, vemos como se intenta evitar el duelo, ese proceso mental que nos obliga a entender que ese ser amado ya no está, utilizando todo lo que nosotros subimos al mundo virtual. Con todas esas publicaciones, estados, mensajes, likes, videos, se forma un ¿remplazo? de ese ser querido. Podríamos pensar que, en vez de ayudar a transitar el duelo ante ese vínculo perdido, ayuda más bien a negarlo. Y cuando negamos las cosas, no aceptamos la realidad de que algo cambió en nuestra vida.

Si volvemos un poco a lo planteado anteriormente, el ser humano está *sujeto* a vínculos y los mismos se forman en nuestras vidas para no caernos del mundo. Pero ¿qué hacemos cuando creamos un vínculo con alguien y este ya no está? Y, además de *no estar*, no comprendemos a dónde se fue. No es lo mismo romper un vínculo por una separación, o por diferentes circunstancias de la vida, que porque esa persona murió.

Un ejemplo que podemos poner en relación con los vínculos es el que realizamos desde que nacemos con nuestros abuelos. Simplemente por razones biológicas son los primeros en dejar nuestras vidas. El vínculo que creamos con ellos puede ser muy fuerte, o no, hay que tener en cuenta que puede no formarse un vínculo. Con esto queremos decir que no todos los vínculos son iguales y por tal motivo, no todos los duelos duelen con la misma intensidad. Cuando un abuelo se va extrañamos muchas cosas, desde su voz, sus abrazos y sentimos que una parte de nuestra niñez se fue con ellos. Acá es donde nuevamente vuelve esa analogía, desde que nacemos debemos sujetarnos a algo. Por eso es que superar un duelo no es tarea fácil. Son años de saber que esa persona está ahí, y cuando ya no está parece que es cuando más la necesitamos.

Después de transitar solo un poco por el duelo según Freud, quiero animarme a hablar sobre el *duelo virtual*. Estamos trascurriendo una nueva era en donde nosotros mismos hacemos la historia, nos vamos adaptando a lo nuevo como podemos y con las herramientas que tenemos, ¿cómo vemos el duelo en el mundo virtual? ¿morimos en la virtualidad?

Creo que la mejor forma que tengo de abordar este tema es con lo que a mí mismo me sucedió. Recuerdo estar revisando mi perfil de Facebook y enterarme en ese preciso momento de la muerte de un ser querido. Se trataba de una excompañera de trabajo que no veía hacía mucho tiempo. Fue mi primera jefa y, por los vínculos que creamos, supe sujetarme a ella: me enseñó a trabajar y me dio una de las primeras posibilidades de crecimiento laboral. La noticia me sorprendió y vinieron rápidamente a mi mente recuerdos con ella. Fue como abrir el cajón de la memoria, pero luego de pasar por esos momentos sentí una gran angustia. No sabía qué hacer con eso que me estaba pasando y no tuve mejor idea que revisar su perfil. Me sorprendí de la cantidad de personas que escribían en su muro, que publicaban una foto con ella, que comentaban llenos de dolor y angustia, otros lo transmitían a través de un *me gusta* o un emoji llorando. (Solo lo dejo para pensar, siempre me hizo ruido, ¿es válido el *me gusta* en este tipo de publicaciones? *¿Me gusta* que esté triste?).

Entre más leía los comentarios o veía fotos en vida disfrutando a su familia, más me angustiaba. Y en esa angustia no tuve mejor idea que enviarle un mensaje directo en el que decía: "No sé dónde escribir, pero si alguien lo lee, no puedo creer la noticia. Mirta fue una persona muy importante en mi vida. Siempre me dio sus consejos, me trató como un hijo, estoy muy dolido. Saludos y fuerza a su familia. Gracias".

En ese momento, no pensé claramente, solo me dejé llevar un instante por mi angustia e intenté descargarla de alguna forma. Pero ahora, que ya pasó un tiempo, me pongo a pensar en lo sucedido y me pregunto, ¿qué esperaba enviando ese mensaje? ¿Tal vez lo mismo que cuando hablamos ante una tumba?

Al ser humano, si hay algo que no le gusta, o le aterra, es no *saber*. Sin importar cómo, va a buscar una respuesta o las va a inventar para tenerlas. Después de toda esta experiencia vivida, comencé a observar con mucha más atención los perfiles de gente que ya no está entre nosotros en el mundo real, pero sí en el virtual. Quedan presentes en la virtualidad y son utilizados para expresar el dolor por su falta. Se etiquetan en fotos o tienen saludos para el día de su cumpleaños, que seguro Facebook recordó a sus contactos.

Me animo a pensar que cambiamos el escenario para descargar la angustia ante un duelo. Generalmente, es habitual en casi todas las personas, utilizamos el cementerio para realizar una *visita* a nuestros seres queridos que ya no están. Aunque se puede ir cuando uno quiera, los días de mayor cantidad de visitas parecen ser los festivos: el día de la madre o el padre. Qué loco pensar que también es el día que hacemos una visita virtual a su perfil en redes, si es que lo tienen, o nos etiquetamos en una foto con ellos recordándolos.

Los recuerdos de Facebook son solamente una aplicación más que tiene la red social para brindarte, es como que te dan un servicio para recordar desde un cumpleaños hasta sugerirte cosas para comprar.

Depende de uno mismo y su estado para que esos recuerdos nos afecten en nuestras vidas, quizás si es el primer año del fallecimiento de un ser querido nos vamos a angustiar o puede que empecemos el día tristes, ya que esas publicaciones son siempre a primera hora. Pero, a final de cuentas, todo depende de las **fortalezas** que tenga uno mismo para poder afrontar esos recuerdos, que no siempre tienen que ser dolorosos.

CARTA
52

EL INCONSCIENTE COLECTIVO

Los recuerdos de facebook me confirman por qué son necesarios los mecanismos de defensa del aparato psíquico y la represión. Me hacen acordarme de lo pelotuda que era y no da. Esas cosas tienen que quedar en el inconsciente (?)

Miki Perdomo

Me recuerdan por qué los menores de 13 no deben tener facebook era como mono con revólver.

Daiana Melo

Siiii.... en mi caso me ayuda. Soy de olvidar todos los momentos lindos y al recordarlos se me activa un mecanismo de un montón de cosas que quedaron olvidadas. Soy epiléptica y se me queman las neuronas jajajaja y con esto al menos alimento alguna que quedó por ahí.

María Laura Gimenez

Me sirven para borrar las fotos con mi ex sin tener q buscarlas

Agustina Caratú

No los utilizo. De hecho jodían un poco,
ya que por naturaleza recuerdo bastante
y tiendo a la nostalgia aleatoriamente.
Tampoco me parece necesario recordar
algo en su fecha exacta, más bien dejar
que llegue por algún gatillo interno o
externo y elegir si subirme a la ola, o no.

Alejandro Mustafa

Sí sirven! Son para que el super yo te diga:
"te dije que no te quedaba bien esa ropa"
"te dije que ese corte de pelo no te iba"
"yo sabía que esa amistad no iba a durar
mucho". Sirve para ver que el super yo
SIEMPRE va a tener la razón. Sigamos
sus sabios consejos

Ailen Illescas

Que antes era un pelotudo, lo cual
automáticamente me lleva a pensar que
aún lo sigo siendo, solo que ahora me
levanto más temprano.

Matias Rodriguez

Cada vez que me saltan dichos recuerdos,
sean 2, 8 o 1, los que fueran, desde
posteos, fotos o alguna que otra boludez
me recuerdan mucho al capítulo de Black
Mirror "Caído en picado" donde nuestro
tiempo permanece copado por las redes
sociales. En qué momento desligué a mi
cerebro de dichos recuerdos para que
esta vez sin falta Facebook realice mi
trabajo. No. No me sirve, me rompe el
bocho.Giramos ni más ni menos en torno
hasta en el número con que hemos sido
puntuados.

Arce Marianela

CERRAR SESIÓN

Vivimos en una nueva época en la cual tenemos que aprender de los errores. Podemos pensar que es tiempo de lo nuevo, pero las ideas que sirvieron en un pasado hay que repensarlas y adaptarlas a la época actual. Por ejemplo, una de las ramas más importantes de la psicología es el psicoanálisis, en la cual se busca que el paciente mediante terapias breves de cuarenta y cinco minutos por semana pueda hablar sin restricciones de lo que tenga ganas, a esto Freud lo denomina *asociación libre*. El terapeuta puede intervenir con preguntas o solamente escucharlo, es importante suscitar un vínculo entre el paciente y el profesional para poder generar lo que se denomina en la materia *transferencia*.

Para no marearlos con tantos conceptos de psicología, me voy a animar a explicarlo de una forma más sencilla. Podemos decir que la asociación libre se parece a cuando nos encontramos con ese amigo de la vida en un bar y no tenemos filtro en nada, decimos todo lo que queremos y pensamos sin perjuicios. Pero un amigo no es un psicoanalista, podemos tirarle todos nuestros problemas para descargarnos un poco esa angustia o bronca que sentimos por algo que nos pasó, pero, aunque el otro pueda darnos un consejo o simplemente escucharnos, no puede darnos la solución. Con esto no queremos decir que yendo al psicólogo vamos a encontrar la solución de nuestra vida en cuarenta y cinco minutos de sesión. La solución siempre está en nosotros mismos, que somos los actores principales en nuestra vida. Muchas veces, las soluciones no llegan rápido porque debemos trascurrir un camino para alcanzarlas. Ahí es donde el psicoanalista toma el rol de acompañarnos en el camino.

Lo que nos pasa hoy puede ser por algo que nos ocurrió en el pasado y de alguna forma lo reprimimos en nuestra historia personal, acá es donde actúa el famoso *inconsciente* que sería el encargado de transformar eso que reprimiste en algún momento, en sueños o actos fallidos, para recordarte de alguna forma que no lo olvidaste, que está por ahí volando en tu mente, pero disfrazado de otra cosa. La aclaración vale para pensar que ni tu mejor amigo puede llegar a lo que se puede trabajar en terapia con un profesional, en donde la forma para lograr esto es la *transferencia* puesta en el psicoanalista. En resumen, es transferir todos tus problemas a su persona, verte reflejado vos mismo en él, pero en otro momento de tu historia. Puede, por ejemplo, pasar a ser la imagen de tu padre y en plena terapia, podés decir algo que nunca pensaste de su persona, es cuando la capa invisible de Harry Potter se te cae y podés enfrentar la realidad sin resistencias, hacer "consciente lo inconsciente", diría Freud.

Ahora me pregunto: ¿todos los psicoanalistas saben qué quiere decir que te "claven el visto"?, ¿o cuentan con las herramientas para detectar un caso de *grooming*? Todos estamos atravesados por el mundo virtual, no quiere decir que vivan en una burbuja y que no lo sepan, el tema es que les den la importancia necesaria dentro del análisis a los nuevos problemas de la época. Si un paciente en terapia habla de este tema o de que se siente triste porque no le ponen *me gusta* en las redes sociales, ¿lo toman en serio? Como mencioné en algún momento, la mayoría de los adolescentes usan las redes para expresar qué es lo que sienten. Es por eso que un profesional debería saber dónde se expresan y la importancia que ellos les dan a las redes, también se puede destacar que no solo los adolescentes toman el protagonismo, todos nos enredamos un poco en un mundo virtual para escaparnos de la realidad.

Si transitamos en dos mundos paralelos, el virtual y el real, seguramente nos vamos a confundir mucho más. Tenemos que buscar la forma de adaptar lo que resultó en una época a la nueva, tener en cuenta que encontrarse cara a cara con el otro puede solucionar las cosas más rápido que si lo intentamos hacer de forma virtual. Las tecnologías tienen que ser un medio para facilitarnos las cosas, no para confundirnos.

Hace unos días estoy haciendo un ejercicio que consiste en apagar el teléfono un rato, o dejarlo fuera de mi alcance. Al principio se siente una sensación de desconexión con el mundo, o que están sucediendo miles de cosas que no me entero, pero luego me voy dando cuenta de todo lo que uno se pierde por estar tan atento al teléfono, las sonrisas, las miradas o simplemente poder tener la mente despejada y no pensar en nada

Los invito a intentar dejar el teléfono un poco de lado y mirar a los amigos a la cara en una charla, o disfrutar de esos asados los domingos en familia a la antigua, sin los teléfonos en la mesa. Busquemos el equilibrio entre esos dos mundos, no vivir desconectados de la sociedad virtual pero tampoco olvidarnos de la sociedad real.